Pratique de la communication non-violente

WAYLAND MYERS

Pratique de la communication non-violente

Etablir de nouvelles relations

Traduit de l'américain par
OLIVIER CLERC

Collection Pratiques Jouvence

la résilience, par R. Poletti & B. Dobbs, 2001
Plus jamais victime, par Pierre Pradervand, 2001
Le bonheur, ça s'apprend, par Pierre Pradervand, 2001
Développer le meilleur de soi-même,
par O. Nunge et S. Mortera, 2000
La vie simple, par Pierre Pradervand, 1999
Lâcher prise, par R. Poletti & B. Dobbs, 1998
L'estime de soi, par R. Poletti & B. Dobbs, 1998
Bien vivre ici et maintenant,
par O. Nunge et S. Mortera, 1998
Satisfaire son besoin de reconnaissance,
par O. Nunge et S. Mortera, 1998
Etre autonome, par O. Nunge et S. Mortera, 1998
Gérer ses émotions, par O. Nunge et S. Mortera, 1998
Vivre au positif, par Marie-France Muller, 1997
Croire en soi, par Marie-France Muller, 1997
Oser parler en public, par Marie-France Muller, 1997

Catalogue gratuit sur simple demande
Éditions Jouvence
France : BP 7 – 74161 St Julien-en-Genevois Cedex
Suisse : Case postale 184 –1233 Genève/Bernex
Site internet : www.editions-jouvence.com
Email : info@editions-jouvence.com

couverture: illustration, J.-C. Marol
maquette & mise en pages: atelier weidmann

© Copyright Editions Jouvence, 1999
ISBN 2-88353-184-6
Tous droits de traduction, reproduction et adaptation réservés pour tous pays.

Remerciements

J'exprime ma profonde reconnaissance à :

Marshall Rosenberg, Ph. D., pour avoir découvert, développé et partagé le processus de communication que je m'efforce de décrire dans ce petit livre,

Lucy Lue et aux autres formateurs et formatrices en communication non-violente, pour m'avoir aidé à affiner certains détails techniques,

Barbara Grant, pour m'avoir aidé à améliorer la qualité de mon écriture,

Allan Adelman, Nicole Miller-McNahon, Helen Piro et d'autres bons amis, pour leurs encouragements constants, leur soutien et leur foi.

Je suis reconnaissant d'avoir pu réaliser cette introduction à la CNV en compagnie de ces personnes que j'apprécie et estime beaucoup.

Sommaire

Avant-propos 11
Préface 13

La communication non-violente **19**
    Objectif du processus 21
    Des guides, et non des règles 22

Ce qu'il faut partager et écouter :
deux questions fondamentales **25**
    Les événements déclencheurs 27
    Les émotions 28
    Les besoins personnels (désirs, rêves,
        appétits, etc.) 29
    Les actions souhaitées 31
    Illustrations de la liste de contrôle 31

Comment partager et écouter
trois recommandations **35**
    Décrivez les faits : ne collez pas d'étiquettes
        et ne faites pas la morale 37

Mettre en lumière les sentiments et
les besoins – Eviter les reproches
ou l'attitude défensive 39

Demandez les actions que vous souhaitez –
N'utilisez pas les exigences, la menace,
les ordres ou la manipulation 45

**La communication non-violente
en pratique : exemples** 49

La liste de contrôle 50

Les trois recommandations 51

Dialogue sans les outils CNV 53

Dialogue en communication
non-violente 54

Utilisation plus complexes 59

Quand les enjeux sont élevés
ou que la douleur est forte 60

Exemple familial 60

Quand ma façon de parler
nuit à la communication 67

Utilisation de la liste de contrôle 68

Comment se servir des trois
recommandations 69

Exemple entre deux amoureux 71

Lorsque je suis perturbé par la façon
   de parler d'autrui 75
Exemple en milieu d'affaires 77
Avantage à long terme de la pratique
   de la communication non-violente ..84

Conclusion **87**

Mes tuyaux préférés 89
Une demande 93

Avant-propos

La communication non-violente, développée par Marshall Rosenberg, est en grande partie un langage du cœur, qu'il appelle parfois le langage «girafe». Parmi les mammifères terrestres, les girafes sont celles ayant le cœur le plus gros, ainsi que des grands cous qui leur permettent d'avoir une vision d'ensemble.

Les dessins d'arbre qui figurent dans ce livre représentent des Acacias: c'est la nourriture préférées des girafes.

Marshall Rosenberg a donné le nom de langage «chacal» aux modes de communication analytiques, véhiculant des jugements, qui peuvent souvent blesser ou provoquer de la violence.

En anglais, le terme de «chacal» s'applique à des personnes de caractère peu respectable, tenues en peu d'estime. Toutefois, ainsi que

l'indique clairement la photo ci-jointe, il s'agit sans doute d'une association malheureuse et imméritée. Si le chacal de cette photo pouvait parler, l'auteur croit qu'il exprimerait la tristesse et le trouble qu'il ressent à l'idée que son espèce, de toute évidence si adorable et précieuse, serve à des comparaisons tellement irrespectueuses. L'auteur exprime toute son empathie pour sa douleur.

□

Préface

Il y a quelques années, j'ai eu l'occasion de partager avec Wayland Myers le processus de communication non-violente que j'ai développé. Par la suite, j'ai été ravi d'apprendre de lui la façon dont la communication non-violente avait enrichi sa vie, tant professionnelle que privée. Et aujourd'hui, en lisant ce livre dans lequel il explique comment il est parvenu à ce résultat, je suis convaincu que les lecteurs tireront profit de son expérience du processus de la communication non-violente. La clarté de ses explications et son humour contribueront à rendre ces concepts importants accessibles à chacun, sans simplification excessive.

Marshall Rosenberg

[Ender, La Voix des Morts, parlant à son fils] «... en ce qui concerne les humains, la seule cause qui importe est la cause finale, le but. Ce qu'une personne a à l'esprit. Dès l'instant où tu comprends ce que les gens veulent vraiment, tu ne peux plus les haïr. Tu peux les craindre, mais non les détester, car tu découvres chaque fois dans ton propre cœur les mêmes désirs que les leurs. »

La Voix des morts, Orson Scott Card

□

La citation qui précède m'intrigue. *La Voix des Morts* dit qu'il est possible de haïr les méthodes utilisées par quelqu'un pour atteindre son but, ou d'en avoir peur, mais qu'il est difficile de détester les motivations profondes de cette personne, car, soit nous les avons déjà connues, soit nous pouvons nous imaginer en être animés un jour. Je m'arrête quelques instants pour m'imprégner de cette idée, puis ma réflexion s'approfondit et entrevoit une autre possibilité : **chaque acte commis par un être humain, qu'il soit de nature physique, émotionnelle ou mentale, constitue une tentative**

de préserver ou d'améliorer la qualité ou la durée de sa vie. Si cette affirmation est vraie, je ne vois pas comment détester cet acte, ce qui le motive ou son auteur. Je peux ne pas aimer les moyens qu'il utilise, et même y objecter, les rejeter ou encore tenter de m'y opposer, mais je ne peux haïr la motivation fondamentale de son acte.

A un moment ou un autre, dans notre existence, nous essayons tous de satisfaire l'un ou l'autre de nos besoins par des actes que d'autres considéreront blessants, douloureux, voire même menaçants pour leur survie. Certains le font de façon intentionnelle et habituelle. A ces moments-là, plusieurs possibilités peuvent être vraies :

- il se peut que nous ne connaissions pas de meilleur moyen d'arriver à nos fins ;
- nous pouvons ne pas distinguer le tort que notre action suscitera ou la façon dont ce tort nous sera préjudiciable ;
- nous pouvons être sujets à des comportements compulsifs, auxquels nous avons du mal à résister ;
- ou encore, nous pouvons être convaincus que notre façon d'agir est la seule et la meilleure.

16

Néanmoins, il me semble malgré tout vrai que tout ce que nous faisons, nous autres humains, n'est qu'une tentative de préserver ou d'améliorer la qualité et la continuité de notre existence. Si ceci est vrai, nous partageons tous une base commune, sur laquelle se construisent nos vies.

J'ai découvert que si, dans mes relations, je garde cette idée ou hypothèse au premier plan de ma conscience, je ressens souvent une bienveillance naturelle et puissante à l'égard d'autrui, empreinte d'un profond sentiment de communion. La communication non-violente, mise au point par Marshall Rosenberg, a joué un rôle crucial pour m'ouvrir à cette expérience, et elle m'aide à continuer de vivre cela au quotidien. D'ailleurs, je dirais que l'objectif principal de la communication non-violente est d'aider les gens à développer et à accroître ce sentiment profond de communion bienveillante.

☐

La communication non-violente

Si le terme « être violent » signifie agir de façon qui blesse ou fait du tort, alors une grande part de notre communication avec nous-mêmes et avec autrui peut être qualifiée de violente. Je m'explique. Nous sommes nombreux à avoir appris que le comportement d'autrui est capable de contrôler et de déterminer nos émotions. Nous avons également suivi un apprentissage poussé en langage analytique et moralisant, dont nous nous servons pour décider et affirmer ce qui est juste ou faux, ce qui a de la valeur ou non, etc. Enfin, nous avons l'habitude d'être motivés par la culpabilité, ainsi que par les exigences et menaces d'autrui. Lorsqu'on se sert de ces croyances et de ces outils pour communiquer avec soi-même et les autres, le résultat est perçu comme une forme de manipulation, de reproche et de jugement. Quelles sortes d'émotions cela peut-il générer ?

D'après mon expérience, il en résulte malheureusement souvent de la douleur, sous forme de peur, de honte, de peine ou de colère. Et je me sens triste quand je pense à toute l'énergie humaine dépensée à lutter contre cette douleur, contre les comportements agressifs et destructifs, y compris les guerres, qui sont les conséquences de cette douleur, ou les dépressions qui peuvent aussi en résulter. Vues sous cet angle, les méthodes de communication auxquelles, souvent, nous recourrons, sont «violentes» et nous coûtent très cher. Il semble qu'elles se fondent sur une philosophie selon laquelle la cœrcition et le contrôle sont souvent nécessaires si l'on veut que les choses se fassent. Et jusqu'en 1986, je ne connaissais moi-même pas d'autre alternative. Puis, j'ai rencontré Marshall Rosenberg, qui m'a fait découvrir son processus de communication non-violente. Depuis lors, mes relations avec moi-même et avec autrui ont profondément changé.

Objectif du processus

Pour moi, la communication non-violente est une philosophie, une attitude, un ensemble de concepts et d'outils spécialement conçus pour nous aider à comprendre cette réalité profonde selon laquelle chaque jour, dans chacun de nos actes, nous sommes tous motivés par le même besoin, *celui de préserver et d'améliorer la qualité et la continuité de notre existence*, pour pouvoir ensuite fonder notre vie sur cette réalité, et la savourer.

La communication non-violente nous encourage à prendre le temps d'examiner nos motivations en profondeur, à travailler avec engagement, bienveillance et créativité, tout en nous donnant l'assurance qu'en agissant ainsi, nous découvrirons souvent des manières de faire qui nous permettront conjointement de réaliser nos rêves. Elle fournit des outils pratiques pour nous aider à y arriver. Grâce à ses concepts et ses outils, la communication non-violente ne m'aide pas seulement à ressentir de la bienveillance envers toutes les créatures vivantes, et à me sentir lié à elles, mais aussi à savoir comment traduire cette bienveillance dans mes actes. Ce faisant, je ressens une joie profonde, je me sens inspiré, nourri, et je me fais encore plus d'amis. Je vous souhaite à vous aussi de telles joies.

Bien que la communication non-violente puisse être – et est – appliquée de façon très efficace dans nos relations avec nous-mêmes, afin qu'elles soient toujours plus empreintes de bienveillance, cette introduction se concentre plus sur ses applications interpersonnelles. Dans ce cadre-là, l'objectif de la communication non-violente est d'aider les gens à interagir de façon à ce que chacun se sente plus intègre et plus relié aux autres, et à ce qu'on ne s'entraide pas en étant motivé par la peur, la contrainte ou la culpabilité, mais parce que l'entraide apparaît comme l'activité la plus épanouissante qu'on puisse imaginer.

Des guides, et non des règles

Au début, lorsque j'ai découvert le processus de M. Rosenberg, j'ai pensé qu'il s'agissait d'une manière de parler. Je me suis donc dis que je *devais* m'exprimer ainsi tout le temps. Ma famille et mes amis se souviennent encore du caractère détestable de cette expérience. Je m'entendais souvent dire: «Ne peux-tu pas simplement parler normalement?» Et, bien entendu, non content de me forcer moi-même à parler ainsi, j'insinuais aussi «subtilement» que tout le monde devrait aussi s'exprimer de la même manière. Bref, être en ma compagnie était un vrai bonheur.

Aujourd'hui, ma famille et mes amis sont reconnaissants que ma compréhension et ma pratique de la communication non-violente aient évolué. Je comprends désormais que celle-ci n'est pas une manière de parler, mais plutôt **une attitude et un ensemble de concepts et d'outils destinés à aider les gens à établir des relations bienveillantes en eux-mêmes et avec les autres**. Ce qui caractérise ce genre de relations, lorsqu'on sait les manifester et les faire durer, c'est que les gens ont spontanément envie de faire ce qui est en leur pouvoir pour satisfaire leurs propres besoins et ceux d'autrui.

Je vous encourage donc à considérer les concepts et outils que je m'apprête à partager avec vous comme des *guides* ou des aides, destinés à faciliter l'expression de la bienveillance, de la générosité ainsi que d'un sentiment de communion avec soi et autrui, et non pas comme des *règles* à suivre. Au début, il se peut que vous vous appuyiez beaucoup sur ces guides,

comme sur les roues d'appoint d'un vélo pour enfant, afin d'apprendre à écouter et à vous exprimer de la manière la plus susceptible d'inspirer de la bienveillance. Mais, si vous les utilisez de façon trop rigide ou dogmatique, ils peuvent empêcher l'établissement même de cette bienveillance que vous souhaitez manifester. Je vous recommande donc ceci : utilisez-les comme des roues d'appoint au début ; ensuite, apprenez à vous en servir comme le fait un pilote de sa liste de contrôle, c'est-à-dire comme d'un moyen vous aidant à vous souvenir de procédures et points importants, pour résoudre les problèmes courants, mais qui n'est pas destiné à vous dire comment voler, ni à dicter le moindre de vos mouvements. L'intention première de la communication non-violente est de permettre à chacun d'établir avec soi et avec autrui des relations inspirant la bienveillance, la générosité et un sentiment de connexion à autrui, et non de créer un nouveau sous-groupe social parlant un langage propre.

◻

Ce qu'il faut partager et écouter : deux questions fondamentales

L'un des objectifs de la communication non-violente est de nous aider à communiquer de manière à ce que toutes les personnes impliquées ressentent une impulsion bienveillante à faire ce qu'elles peuvent pour satisfaire leurs propres besoins et ceux d'autrui. M. Rosenberg a découvert que l'une des choses les plus utiles qu'on puisse faire est d'encourager les gens à parler de l'état dans lequel ils sont et de la façon dont celui-ci peut être amélioré. Voilà pourquoi dans la communication non-violente chaque partie s'efforce de répondre aux deux questions générales suivantes :

> « **Comment je me sens ?** »
> (Comment *vous* sentez-vous) et,
> « **Que faire *maintenant* pour améliorer mon bien-être ?** » (votre bien-être)

Si nous sommes deux à avoir été formés au processus de la CNV, nous pouvons travailler ensemble pour trouver les réponses à ces questions pour *chacun d'entre nous*. Si un seul d'entre nous connaît ce processus, c'est à lui de guider la conversation afin de répondre à ces questions pour *les deux personnes présentes*. Il n'est donc pas nécessaire que les deux parties soient formées à l'usage de la communication non-violente.

On peut apporter des éléments de réponse à la question « **Comment je me sens ?** » en échangeant trois éléments d'information tout simples :

① Quel **événement** déclenche l'envie de s'exprimer chez l'un et chez l'autre : qu'est-ce qui est observé, senti, entendu, pensé, remémoré… ?

② Quelles **émotions** sont éveillées en chacun : la peur, la colère, l'enthousiasme, la peine, la curiosité… ?

③ Quels **besoins personnels** génèrent ces émotions : le besoin de sécurité, le besoin

d'information, de soutien, de compagnie, de respect, de compréhension, le besoin de choisir… ?

On peut ensuite répondre à la question « **Que faire *maintenant* pour améliorer mon bien-être ?** » en échangeant un quatrième élément d'information :

④ Quelles **actions spécifiques** chacun souhaite-t-il accomplir (ou voudrait-il qu'autrui accomplisse), **maintenant** : écouter, expliquer, résoudre un problème, être d'accord d'agir… ?

Les événements déclencheurs

Avant qu'une conversation ne démarre, quelque chose se produit qui déclenche chez l'un des interlocuteurs l'envie de communiquer : celui-ci subit, voit, entend, pense, sent, ressent ou se rappelle quelque chose. Dans la mesure où cet événement est à l'origine de son besoin de communiquer, il est généralement utile que tout le monde sache de quoi il s'agit.

Les émotions

En prenant conscience de nos *émotions*, et d'autres sensations internes (telles que la faim, la fatigue ou la soif), nous parvenons à déterminer l'état dans lequel nous sommes. Nos émotions et nos sensations nous informent du degré de satisfaction de nos besoins. Des émotions agréables telles que la joie, l'enthousiasme ou le ravissement, nous indiquent que certains de nos besoins ont été satisfaits, ou que nous croyons qu'ils vont l'être. Des émotions douloureuses, telles que la peur, la colère, la tristesse, la peine ou la gêne, nous disent que nos besoins ne sont pas comblés, ou que nous croyons qu'ils ne vont pas l'être. Comme nos émotions nous fournissent une information précieuse sur l'état de notre bien-être, et qu'elles sont le moteur de nos actions, leur identification joue un rôle essentiel pour faire savoir à autrui comment nous allons. Mais leur seule identification n'est pas suffisante.

Les besoins personnels
(désirs, rêves, appétits, etc.)

Nos émotions étant intimement liées à nos besoins, il est plus facile de bien comprendre celles qui nous animent, l'un et l'autre, lorsque nos besoins sous-jacents sont mis en évidence. Par exemple, je me sens heureux et satisfait en ce moment. Mais il peut vous être difficile de comprendre la raison particulière de mon bonheur, à moins que je ne vous dise lequel des mes *besoins* est concerné, et ce que j'en *pense*. En l'occurrence, je suis heureux parce que je *ressens le besoin* d'aider les autres à manifester davantage de bienveillance dans leur vie, et que je *pense* qu'en écrivant ce petit livre je satisfais précisément ce besoin. Cette combinaison de ce dont j'ai *besoin* et de ce que je *crois* ou pense, produit mon émotion. Le fait de vous en parler vous aide à mieux comprendre la raison de mon bonheur. Car j'étais aussi heureux, il y a quelques minutes. Mais à ce moment-là, mon bonheur provenait de ce que j'avais *besoin* d'avoir quelqu'un avec qui partager certaines choses et que, lorsque j'ai téléphoné à un ami, j'ai *entendu* qu'il serait heureux de parler tout de suite avec moi. Ce que je veux dire est donc ceci : *nos émotions sont le résultat d'une interaction entre nos besoins, nos pensées (ou croyances) et l'information sensorielle dont nous disposons.* Si nous souhaitons avoir une bonne compréhension mutuelle de nos émotions, il s'avère utile d'articuler clairement les besoins, les pensées et l'information sensorielle qui les provoquent.

L'identification des besoins liés aux émotions de chacun présente un deuxième avantage. Du fait de la vulnérabilité et de l'humanité que nous révélons en exprimant les besoins que nous aimerions satisfaire, ou les rêves que nous souhaitons réaliser, les autres peuvent s'identifier à nous et ressentent souvent *un sentiment de communion avec nous et de bienveillance généreuse à notre égard*. Autrement dit, lorsque nous avons des besoins ou des rêves insatisfaits, nous manifestons une vulnérabilité universellement reconnaissable, à laquelle autrui peut s'identifier, et qui l'incite souvent à y répondre spontanément d'une façon qui nous est utile. Je trouve cette découverte très précieuse, et je constate que cette réaction est très courante.

Les actions souhaitées

Il arrive souvent qu'après avoir pris connaissance de comment quelqu'un se sent, grâce aux trois premiers éléments d'information, la personne qui l'écoute se demande si celui-ci souhaite agir de telle ou telle manière, ou s'il attend quelque chose de sa part. Voilà pourquoi le quatrième point de notre liste de contrôle consiste à identifier une action *spécifique*, s'il en est une, que quelqu'un puisse accomplir *maintenant* et qui soit susceptible de satisfaire un besoin *immédiat* de la personne ayant formulé sa demande. Ce dernier élément d'information crée un pont naturel vers l'étape de communication suivante, laquelle permet souvent d'apprendre comment se sent l'autre personne, ce dont elle a besoin, et de quelle façon ses besoins lui permettent ou non d'accomplir ce qui lui est demandé.

Illustrations de la liste de contrôle

Le dialogue suivant illustre la façon dont une personne communique les quatre éléments d'information ci-dessus à une autre. Dans la mesure où ce dialogue suit une forme structurée, il correspond à un exemple de type «roues d'appoint». Vous apprendrez progressivement à obtenir ces informations et à les communiquer de façon moins structurée.

> Lorsque j'ai reçu ton invitation [*recevoir l'invitation constitue **l'événement***]
> j'étais enthousiaste [***émotion***],
> parce que j'adore faire des activités avec des gens que j'aime [*l'émotion est produite par un **besoin** d'amitié et de jeu*].
> Peux-tu me dire qui d'autre viendra [***demande** d'information spécifique*]?

> Lorsque j'ai appris que tu avais perdu ton emploi [*apprendre constitue **l'événement***]
> j'étais triste [***émotion***],
> car je te souhaite d'avoir un travail que tu aimes et je sais que tu appréciais celui que tu avais [*la personne s'exprimant ici est triste, car elle a **besoin** que son interlocuteur ait un travail qui lui plaise*].
> Serais-tu d'accord de me dire comment ceci t'affecte [*elle **demande** une information spécifique*]?

> J'étais vraiment fâchée [***émotion***]
> lorsque je t'ai entendu me traiter de «paresseuse «[*s'entendre traiter de paresseuse est **l'événement***],

car je préfère que les gens me disent ce qu'ils veulent et n'arrivent pas à obtenir de moi, plutôt que ce qu'ils pensent de moi [*le **besoin** que son interlocuteur exprime ses désirs personnels n'est pas satisfait*].

Peux-tu me dire lequel de tes besoins ou désirs n'a pas été satisfait et t'a incité à me traiter de «paresseuse «[***demande** d'information spécifique*]?

Une conversation en communication non-violente est souvent constituée d'une série d'échanges rythmiques – comment je vais et ce que je veux, suivi de comment tu vas et ce que tu veux, suivi de comment je me sens maintenant, etc. – qui se poursuivent jusqu'à ce que les besoins de chacun soient satisfaits, autant qu'ils puissent l'être, ou jusqu'à ce que les parties concernées se mettent d'accord qu'elles ont fait de leur mieux.

□

Comment partager et écouter : trois recommandations

À un moment ou un autre, nous nous sommes tous efforcés de communiquer à autrui comment nous nous sentons et ce que nous voulons. Nous avons essayé de clarifier ce qui avait été déclenché en nous, les émotions que cela avait suscité et les demandes que nous avions. Mais nous n'avons pas toujours réussi à nous sentir bienveillants et généreux à l'égard de l'autre, ni forcément liés à lui. Cela s'est souvent soldé par des sentiments de déception, de peine, de colère, et par plus de frustration qu'au départ. De toute évidence, il n'y a rien de magique à simplement identifier des événements et à exprimer les émotions et besoins qui s'y rapportent. La clé semble plutôt se trouver dans la manière dont nous nous parlons et dont nous nous écoutons mutuellement.

La communication non-violente fait quelques suggestions à ce propos, que je distille en *trois recommandations*. Il s'agit de faire les trois choses suivantes :

① **Décrire** les événements, les émotions et les besoins ***sans*** recourir aux jugements, aux étiquetages moralisants ou aux qualificatifs désobligeants.

② Eviter de faire des reproches ou de se mettre sur la défensive. Il est plus productif de **mettre en lumière quels besoins personnels provoquent les émotions et déterminent les choix de chacun.**

③ Que chaque personne **demande** ce qu'elle souhaite faire ou ce qu'elle attend des autres maintenant. Eviter d'essayer de satisfaire ses besoins en recourant aux exigences, à la menace, à la culpabilité ou à des manipulations par la honte.

Explorons les détails de ces trois recommandations.

Décrivez les faits : ne collez pas d'étiquettes et ne faites pas la morale

Cette première recommandation part du principe que la plupart d'entre nous n'apprécions pas que quelqu'un porte des jugements sur nous ou sur nos actes. Elle suggère donc, lorsque nous devons parler de ce qui arrive, de ce que nous ressentons et désirons, que nous **décrivions** objectivement ce qui se passe plutôt que d'exprimer des opinions et des jugements moralisants à ce propos. Les opinions concernant la valeur, le mérite, la pertinence, etc., d'une personne ou d'un acte, ont tendance à stimuler des réactions de défense et des débats improductifs, alors que les *descriptions de faits* tendent à n'appeler que des compléments ou des précisions.

Par exemple, si, en essayant d'identifier l'événement déclencheur, je dis «Lorsque vous me *mentez*…», mes propos peuvent être perçus comme un étiquetage moralisant de ce que vous avez fait. Par contre, si je dis «Lorsque votre description de ce qui s'est passé ne correspond pas à celle que m'ont donnée les autres…», je ne fais que décrire simplement et objectivement ce que j'ai vécu. Ou, si je dis, en parlant de mes sentiments, «J'ai le sentiment

Traduction d'opinions en descriptions de faits

peut devenir

Tu m'as volé…	Lorsque tu as pris mes affaires sans me demander ma permission…
Tu as a été lâche…	Lorsque tu n'a pas agi…
Cette idée est stupide.	Je n'aime pas ta proposition.
Tu as été impoli…	Lorsque tu t'es mis à parler avant que j'aie fini…
J'ai le sentiment que tu me manques de respect.	Je suis en colère, peiné et triste.
Je me sens tellement idiot.	Lorsque je pense à ce que j'ai fait, je me sens vraiment gêné.
Tu es un idiot.	Quand je vois comment ça s'est passé, je me sens très en colère.

Faire des traductions de ce genre est l'une des tâches fondamentales que l'on opère en communication non-violente.

que vous êtes *irresponsable*», je colle une étiquette moralisante sur votre comportement, alors que dire «Je ressens de la colère et de la déception», serait une description objective de mes émotions. (Avertissement: les phrases qui débutent par «J'ai le sentiment que...» annoncent toutes la venue d'une opinion). *Dans la communication non-violente, nous essayons de traduire toutes les opinions que nous entendons ou souhaitons exprimer en **descriptions objectives** de ce qui a été fait, observé ou de ce qui est arrivé. On accomplit cela en se posant une question toute simple: «Qu'est-il arrivé, qu'a-t-on fait ou observé qui soit étiqueté comme étant stupide, brutal, abusif, malhonnête, etc.?»* Les exemples ci-contre illustrent ce point.

Mettre en lumière les sentiments et les besoins – Eviter les reproches ou l'attitude défensive

Nous sommes nombreux à avoir appris à expliquer nos émotions en en niant toute responsabilité personnelle et/ou en l'imputant au comportement d'autrui. Nous disons par exemple, «Tu me *rends* dingue (heureux...)»; «Tu me

Trop peu d'information	Reproches adressés aux autres	Phrases révélant les besoins de la personne
Je me sens blessé.	Je me sens blessé *parce que tu m'as rejeté.*	J'ai de la peine, *parce que j'aurais aimé être inclus.*
Je suis en colère.	Tu *m'as mis* en colère lorsque tu m'as volé ma bicyclette.	Je suis en colère, *parce que je veux qu'on me demande la permission avant de prendre ma bicyclette.*
Je suis triste.	Je suis triste *car tu* n'es pas affectueux.	Je me sens triste et seule *parce que j'ai besoin d'être cajolée.*
Tu l'auras voulu.	Après que tu aies fait cela, je *n'avais pas d'autre choix que de* partir.	Je t'ai quitté *parce que j'avais besoin d'être seule* pour mettre de l'ordre dans mes sentiments
Il fallait que je parte.	Il fallait que je parte *parce qu'ils* se comportaient mal.	Je suis parti *parce que j'avais* besoin de réduire mon stress.

mets en colère »; « Je n'avais pas d'autre *choix* que de… »; ou encore « Je *n'ai pas pu* m'empêcher de ressentir… » Ce sont en réalité des formes de reproches qui provoquent souvent des débats stériles.

Il est vrai que nos sentiments et nos choix sont *influencés* par les actes d'autrui. Les autres nous fournissent un stimulus particulier auquel répondre. Mais d'après mon expérience, notre *façon* de répondre à ce stimulus est davantage déterminée par ce que nous *pensons* de ce qui arrive, et par nos *besoins* s'y rapportant, que par le stimulus lui-même. Voilà pourquoi la communication non-violente nous recommande de consacrer notre énergie à explorer la façon dont les besoins et pensées d'une personne donnent forme à ses sentiments et ses choix, plutôt qu'à faire des reproches et à se perdre en vains débats.

Le tableau ci-contre contient tout d'abord des phrases qui n'offrent pas suffisamment d'information concernant les sentiments, les actes et les besoins des personnes impliquées, pour parvenir à la compréhension et manifester de la bienveillance; viennent ensuite d'autres phrases qui imputent à autrui la responsabilité de ses sentiments et ses actes; enfin, la troisième colonne contient des phrases facilitant la compréhension et la bienveillance, parce que *décrivant* la façon dont les *besoins* de celui qui s'exprime génèrent ses sentiments et déterminent ses comportements.

Dans la deuxième colonne, les mots en italique indiquent la façon dont la personne reproche aux autres ses propres sentiments ou actes. Dans la troisième, les mots « parce que je » sont aussi en italique pour bien montrer que toutes ces phrases soulignent l'origine *intérieure* des émotions de la personne, celles-ci n'étant pas provoquées par celui à qui elle s'adresse, ni par quoi que ce soit d'extérieur. La personne reste centrée sur elle-même.

Avant de passer à la troisième recommandation, je voudrais faire quelques distinctions entre émotions, besoins et demandes.

Nous prenons connaissance de nos besoins *grâce* à nos **émotions** et à d'autres sensations de satisfaction ou de manque, telles que la faim, la soif, etc. Lorsque nos besoins sont satisfaits, nous ressentons des émotions et des sensations de plénitude, de satisfaction, de satiété, de contentement, etc. Lorsqu'ils ne le sont pas, nous ressentons des besoins maladifs, des désirs ardents, des envies folles, des impulsions et autres appels pressants.

Nos **besoins** ont tendance à être *généraux* et impliquent des *nécessités* fondamentales et communes à chacun. Ils peuvent être regroupés en grandes catégories comme les besoins physiques (besoin de nourriture, d'abri, de sécurité…), sociaux (besoin de compagnie, d'affection…), politiques (besoin de liberté de choix, de liberté d'expression, de représentation…), besoins financiers, spirituels, intellectuels, etc. Lorsque je parle de mes besoins, j'utilise des expressions comme «J'ai besoin d'affection», «J'ai besoin de nourriture», «J'ai besoin de compagnie», «J'ai besoin de croire que je suis entendu», «J'ai besoin d'information» ou «J'ai besoin d'être capable d'octroyer ma permission».

En revanche, une **demande** est *spécifique*. Une demande décrit ce que *nous souhaitons faire ou voir faire* pour satisfaire nos besoins. Par exemple, «Veux-tu me donner une tranche de cette pizza?», «Veux-tu me prendre dans tes bras?», «J'ai envie de te parler maintenant», «Je veux voter», «Acceptes-tu de me payer cent francs demain?»

La communication non-violente nous encourage à établir une distinction claire entre nos besoins et nos demandes, car si les gens objectent rarement à ce dont nous avons besoin, ils opposent souvent de la résistance à l'idée que nous nous faisons de la façon de les satisfaire, à savoir *par qui, quand, où, à quel point* et *de quelle manière*. Par exemple, si je dis «J'aimerais boire quelque chose», personne ne va y objecter ou en débattre, parce que chacun sait que je suis le seul à savoir précisément ce dont j'ai besoin. En revanche, si je dis «J'aimerais une gorgée de ton soda», la personne à laquelle je m'adresse peut y objecter. Autre exemple, si je dis «J'ai besoin d'être certain qu'un dépôt sera effectué sur mon compte», il n'y aura sans doute pas d'objection, mais si je dis, «Je veux un dépôt de cinq mille francs», cela peut susciter un vif débat. Le point à retenir est donc le suivant: si je veux que mon besoin soit entendu, compris, et qu'il puisse susciter de l'empathie, il est préférable que je commence par en parler, puis que j'exprime séparément ma demande.

Il y a une autre raison pour laquelle il vaut mieux clairement distinguer ses besoins de ses demandes, et mettre pleinement ses besoins en lumière *avant* de discuter de ses demandes. Si nous prenons le temps d'explorer nos besoins, bien souvent le désir de les satisfaire, de façon mutuellement satisfaisante, émergera *naturellement*. Autrement dit, comme je l'ai indiqué précédemment, les gens sont souvent si touchés et émus par la vulnérabilité qu'évoquent nos besoins non satisfaits et par la nature précieuse de nos rêves, que des solutions créatives et animées d'un esprit de coopération surgiront souvent sans grand effort.

Demandez les actions que vous souhaitez — N'utilisez pas les exigences, la menace, les ordres ou la manipulation

La troisième recommandation de la communication non-violente nous aide à traduire nos besoins généraux en demandes spécifiques. Elle part du principe que la plupart d'entre nous préférons que quelqu'un nous dise précisément ce qu'il veut, plutôt que d'avoir à le deviner, et qu'il le communique sous forme de demande plutôt que par un ordre, par la menace ou par d'autres formes de manipulation. Le processus CNV encourage donc les gens à énoncer *clairement* les *actions précises* nécessaires à satisfaire leurs *besoins les plus urgents*, et à le faire sous forme de *demandes*. Il s'agira parfois de demandes d'action

Demandes vagues ou intimidantes

Je veux être respecté.

Je veux plus d'amour. OU Tu ne m'aimes pas assez.

Je n'ai pas besoin de tes conseils.

Qu'est-ce qui ne va pas ?

Arrête de crier ! OU Je ne veux pas que tu cries.

Tu n'écoutes jamais.

---

que l'on se fait à soi-même. D'autres fois, ces demandes concerneront autrui. Mais dans un cas comme dans l'autre, cette recommandation nous invite à être précis, à formuler ce que l'on souhaite sous forme d'une demande, et non comme un ordre ou une menace – et à dire à autrui ce que nous *voulons* qu'ils fassent, et non qu'ils *ne fassent pas*. Le tableau ci-dessus illustre ces points.

Demandes décrivant des actions précises

Veux-tu bien me demander ma permission avant d'emprunter mes affaires ?

Voudrais-tu me prendre dans tes bras et me dire ce que tu apprécies chez moi ?

J'ai besoin de mettre de l'ordre dans mes sentiments, sans être dérangé. Es-tu d'accord ?

Voudrais-tu me dire quels sentiments t'animent ?

Voudrais-tu me parler d'une voix plus douce ?

Veux-tu bien garder le silence pendant que je t'explique pourquoi j'ai agi de la sorte ?

En formulant nos demandes de la manière indiquée dans la colonne de droite, nous augmentons considérablement les chances que tout le monde obtienne exactement ce qu'il veut, et de la façon dont chacun le souhaite.

□

La communication non-violente en pratique : exemples

Dans la communication non-violente, notre objectif principal est de réussir à savoir comment va chacun, et ce qui peut être fait maintenant pour améliorer le bien-être de tout le monde. La *liste de contrôle*, comme je l'appelle, nous concentre sur certaines informations qui nous aident à réaliser cet objectif ; quant aux *trois recommandations*, elles nous aident à communiquer cette information de la façon qui soit le plus susceptible d'inspirer de la bienveillance et de la générosité mutuelles. Il est temps, maintenant, de voir comment ces deux aides fonctionnent ensemble, mais auparavant, résumons-les ci-dessous.

La liste de contrôle

① Quel **événement** déclenche l'envie de s'exprimer chez l'un et chez l'autre : qu'est-ce qui est observé, senti, entendu, pensé et remémoré… ?

② Quelles **émotions** sont éveillées en chacun : la peur, la colère, l'enthousiasme, la peine, la curiosité… ?

③ Quels **besoins personnels** génèrent ces émotions : le besoin de sécurité, le besoin d'information, de soutien, de compagnie, de respect, de compréhension, le besoin de choisir… ?

④ Quelles **actions spécifiques** chacun souhaite-t-il accomplir (ou voudrait-il qu'autrui accomplisse), **maintenant** : écouter, expliquer, résoudre un problème, être d'accord d'agir… ?

Les trois recommandations

① **Décrire** les événements, les émotions et les besoins *sans* recourir aux jugements, aux étiquetages moralisants ou aux qualificatifs désobligeants.

② Eviter de faire des reproches ou de se mettre sur la défensive. Il est plus productif de **mettre en lumière quels besoins personnels provoquent les émotions et déterminent les choix de chacun**.

③ Que chaque personne **demande** ce qu'elle souhaite faire ou ce qu'elle attend des autres maintenant. Eviter d'essayer de satisfaire ses besoins en recourant aux exigences, à la menace, à la culpabilité ou à des manipulation par la honte.

Comme je l'ai précisé plus haut, nous pouvons nous servir de la liste de contrôle et des trois recommandations comme de «roues d'appoint « pour nous aider à parler et à écouter en accord avec le processus de la CNV. Par exemple, lorsque nous *parlons*, nous pouvons nous demander lequel des quatre points de la liste de contrôle nous souhaitons communiquer, et nous servir des trois recommandations pour nous aider à exprimer cette information de la façon qui soit le plus susceptible de stimuler chez autrui une compréhension bienveillante, le sentiment d'être lié à l'autre et la générosité. Lorsque nous *écoutons*, nous pouvons prêter attention aux quatre éléments d'information que nous fournit notre interlocuteur, et utiliser les trois recommandations pour nous aider à entendre cette information de manière qui éveille notre propre bienveillance.

L'exemple ci-dessous est tout simple. Il s'inspire d'une conversation que j'ai eue avec un jeune homme qui venait de quitter l'hôpital, après avoir été traité pour une overdose dont il avait failli mourir. Nous parlions d'un programme de réhabilitation pour toxicomanes qu'il s'apprêtait à suivre dans un autre état des Etats-Unis.

Dialogue sans les outils CNV

Cette conversation aurait pu se dérouler de la manière suivante, si j'avais utilisé les outils de communication «violente» enseigné dans ma culture:

Il me dit: «Je me fiche de ce que dit l'équipe de réhabilitation. Au bout de quatre mois, je rentre chez moi.»

Je réplique: «Tu plaisantes? Tu as failli y passer!»

Il reprend, sa voix trahissant une agitation croissante: «J'm'en fiche. Quatre mois, ça suffit.»

J'insiste: «Tu réagis comme l'alcoolique ou le toxico type. Il faut que tout se fasse comme *tu* le veux et quand *tu* le veux. Mais si ta façon de faire était si bonne, comment se fait-il que tu aies failli mourir?»

Il se lève, agitant la tête, la voix empreinte de colère, et dit: «Je me fiche de ce que vous pensez. Vous n'êtes qu'un abruti.» Il tourne les talons et quitte la pièce.

Qu'ai-je fait, à la lumière des concepts de la communication non-violente? Je ne lui ai pas dit comment je me sentais, et je ne me suis pas non plus intéressé à comment lui allait. Je suis parti du principe qu'il n'était qu'un dingue, ce qui revient au même que si je l'avais appelé ainsi. Je l'ai étiqueté comme étant alcoolique/toxicomane.

La conversation a été brève, du fait que je lui ai répondu de cette manière, et nous nous sommes retrouvés tous les deux encore plus séparés l'un de l'autre, et encore plus peinés qu'avant. Quelle issue déprimante. Or de telles issues sont fréquentes, lorsqu'on essaie de parler d'un sujet à forte charge émotionnelle en utilisant les méthodes de communication habituelles.

Dialogue en communication non-violente

La conversation aurait pu se dérouler comme suit, en utilisant les outils propres au processus CNV pour me guider :

> Il commence : « Je me fiche de ce que dit l'équipe de réhabilitation. Au bout de quatre mois, je rentre chez moi. »
>
> *Je me sens immédiatement inquiet, et le processus CNV me dit que si je veux me lier à lui de*

> *façon tangible et constructive, il est utile que nous parlions tous deux des quatre éléments de base. Je décide de commencer en lui communiquant ces quatre points en ce qui me concerne.*

Je lui dis : « Je suis inquiet lorsque je t'entends dire que tu veux rentrer au bout de quatre mois, parce que je souhaite que tu reçoives le plus d'aide possible, et la meilleure qui soit. Peux-tu m'en dire un peu plus sur les sentiments et pensées que tu as, qui te conduisent à dire que tu souhaites rentrer dans quatre mois, quoi qu'en pensent les autres ? »

> *Le fait de l'entendre constitue pour moi l'**événement déclencheur**. Je me sens **inquiet** parce que mon **besoin** est que les gens dont je me soucie reçoivent tout le soutien dont ils ont besoin pour améliorer leur qualité de vie. **Ce que je veux dans l'immédiat** est qu'il me fournisse l'un des quatre éléments d'information, à savoir ses sentiments.*

Il me répond : « Et bien, je vais simplement rentrer chez moi dans quatre mois. Je me fichent de ce qu'ils disent. »

> *Il n'a toujours rien dit de ses **sentiments**. J'essaie donc un autre chemin pour parvenir au même but. Je tente de deviner ses sentiments.*

Je lui demande : « As-tu peur que l'on te demande d'y rester plus que quatre mois ? »

« Oui », me dit-il.

> *Pour comprendre l'origine de sa peur, la liste de contrôle suggère que je m'informe de ceux de ses **besoins** qui sont en jeu.*

Je lui demande : « En quoi le fait de rester plus de quatre mois te perturbe ? »

« C'est trop long », me répond-il.

> *Les questions ouvertes ne génèrent souvent pas beaucoup d'information. J'essaie donc une autre approche, en tentant de deviner lequel de ses besoins est concerné.*

Je tente cette question : « Est-ce que l'idée de rester plus de quatre mois te fait peur, parce que tu penses que tu te sentiras seul, loin de chez toi si longtemps ? »

« Oui, ma famille et mes amis vont me manquer ; en plus ce sera l'été, et je ne pourrai pas aller à la plage. »

> *Il semble que son besoin de compagnie et celui d'être dans un cadre qu'il apprécie soient la cause de sa peur, mais je souhaite avoir confirmation de cela.*

Je lui demande : « Lorsque tu penses à cette durée de quatre mois, est-ce que tu es inquiet à l'idée que d'ici là, le besoin d'être avec ta famille et tes amis, et de pouvoir profiter de la plage, sera si fort que tu ne peux pas imaginer comment tu vas le supporter ? »

« Oui », dit-il d'une voix plus douce. « Ça m'inquiète beaucoup. »

Je cherche alors le quatrième élément d'information : y a-t-il quelque chose qu'il désire de moi maintenant ?

Je m'enquiers auprès de lui : « Penses-tu que je puisse faire ou dire quelque chose maintenant, qui t'aiderait à te sentir mieux à ce propos ? »

« Non », répond-il. « C'est juste que je me fais beaucoup de souci. Je ne suis jamais parti de chez moi si longtemps. »

Parvenu à ce point, un cycle de communication est achevé. Chacun d'entre nous a pu apprendre les quatre éléments d'information concernant l'autre, tels qu'ils se présentent maintenant, à propos de ce problème spécifique. Je pourrais poursuivre et lui offrir davantage d'empathie pour sa peur, ou je pourrais essayer de voir si nous pouvons trouver quelque chose pour l'aider à gérer cette peur, ou encore lui demander s'il a envie de m'entendre lui décrire les merveilleuses visions de développement personnel et de maturité que j'entrevois qu'il pourra réaliser, s'il suit ce programme de réhabilitation jusqu'au bout. L'important est ceci : les portes de la communication sont ouvertes, et le dialogue peut se poursuivre.

□

Utilisations plus complexes

La plupart du temps, j'utilise les concepts et outils de la communication non-violente comme la liste de contrôle d'un pilote. Ils m'aident à rester centré sur les questions qui touchent le cœur, telles que le bien-être des personnes et les manières de l'accroître, plutôt que de me focaliser sur des questions analytiques, du genre qui a tort, qui a raison, et à qui revient la faute. Ils m'aident à me rappeler les points importants et les tâches primordiales, qui tendent à générer de la bienveillance, à renforcer les liens et stimuler la générosité dans mes relations. Autrement dit, la communication non-violente ne m'aide pas seulement à résoudre des problèmes de communication : elle m'aide aussi à ne pas en créer au départ. L'exemple suivant illustre ce point.

Quand les enjeux sont élevés ou que la douleur est forte

Lorsque je sais que la personne à laquelle je parle est en peine, ou que je le suis moi-même, ou encore que nos besoins immédiats sont très contraignants, j'essaie de faire en sorte que mes pensées privées et mon discours public soient le plus conformes possible aux instructions du processus CNV. J'utilise à la fois la liste de contrôle et les trois recommandations pour m'aider à créer un climat dans lequel la bienveillance et la générosité puissent s'épanouir.

Exemple familial

Le dialogue qui suit reproduit une conversation imaginaire entre une mère et sa fille, universitaire. Il montre comment la mère peut utiliser la communication non-violente pour créer et maintenir un lien bienveillant avec sa fille, tout en abordant un sujet ayant une grosse charge émotionnelle:

Carole, qui vit maintenant à l'autre bout du pays, lance à sa mère: «Maman, je suis vraiment ennuyée que tu veuilles te débarrasser de notre chien.»

La mère décèle une intense émotion dans la voix de Carole et sait qu'elle tient beaucoup à son chien. Elle décide donc d'utiliser les outils de la communication non-violente. Elle sait qu'elle doit faire en sorte de parler ensemble de leurs sentiments relatifs à cette situation, ainsi que de leurs besoins. Elle décide d'utiliser la liste de contrôle comme guide. Elle croit deviner ce qui constitue l'événement déclencheur pour Carole, puis détermine un moyen de le confirmer, puis se concentre immédiatement sur le deuxième élément d'information, à savoir les sentiments de Carole.

Elle lui demande: «Est-ce que tu es triste d'apprendre que je veux donner Athos à une autre famille?»

«Non, Maman. Je suis vraiment furax», corrige Carole.

Maintenant qu'elle connaît son émotion, la colère, la mère de Carole commence à chercher quels sont les besoins à l'origine de ce sentiment.

Elle lui demande: «Tu es en colère *parce que tu* te fais beaucoup de souci pour Athos et que tu souhaites qu'on s'occupe bien de lui, mais tu crains que ça ne soit pas le cas ? »

> *Ici, la mère s'est exprimée de façon très spéciale. Remarquez que tout en cherchant pourquoi Carole est en colère, elle reste **centrée sur Carole** et sur le besoin qu'elle craint de ne pouvoir satisfaire. Elle ne s'exprime pas comme si ce qu'elle a fait ou a l'intention de faire était la cause des sentiments de sa fille. Ce qu'elle a fait a pu servir d'événement déclencheur, mais les émotions de Carole résultent de ses propres besoins (qui seront clarifiés dans un instant) en rapport avec ce que sa mère envisage de faire.*

« Non, maman », répond Carole, « je suis furax parce qu'il fait partie de la famille et que je ne veux pas que tu le fiches dehors. »

La mère reprend : « Oh, donc tu es en colère *parce que tu* aime Athos et que tu souhaites qu'il reste un membre apprécié de la famille ? »

> *La mère de Carole essaie d'affiner sa compréhension des besoins spécifiques **de Carole**, responsables de ses émotions.*

Carole confirme la supposition de sa mère : « Ouais. Tu comprends, Athos est un membre spécial de la famille, comme n'importe quel autre enfant. On ne donne pas les membres de sa famille. »

Afin d'être sûre d'avoir bien compris Carole, sa mère essaie de résumer la situation.

« Tu aimerais qu'Athos reçoive le même amour que les autres membres de la famille, qu'on lui témoigne la même loyauté, et qu'il reste dans la famille aussi longtemps qu'il vivra ? »

« Oui, c'est cela. »

Après avoir clarifié les besoins les plus importants de Carole, sa mère commence à exprimer ses propres sentiments et besoins.

« Je suis sensible à ton rêve qu'Athos puisse être traité comme les membres humains de notre famille. En ce moment, lui et moi vivons seuls, et je constate que je me sens frustrée parce que je voudrais être libre d'aller et venir comme j'en ai envie, et ne pas avoir à me soucier de savoir si Athos est en sécurité, s'il est nourri, si tout va bien ou s'il a des ennuis. Il est un peu comme un petit enfant qui ne peut pas grandir, et maintenant que vous, les enfants, êtes grands et partis de la maison, j'aimerais être libérée de toute responsabilité parentale, du genre de celle qu'implique le fait d'avoir un chien. Je pense qu'il serait meilleur pour moi qu'il vive avec quelqu'un d'autre. »

*Après avoir exprimé ses sentiments et les besoins s'y rapportant, c'est-à-dire les deuxième et troisième éléments d'information, la mère de Carole passe au quatrième, en lui disant ce qu'elle souhaite d'elle dans l'instant, **en termes spécifiques et faisables**.*

« Est-ce que tu comprends mes sentiments et mes besoins ? »

« Oui, je comprends. J'aimerais bien qu'il puisse venir habiter avec moi. C'est vraiment dommage que je vive en dortoir. »

La mère de Carole décide de lui témoigner un peu d'empathie.

« On dirait que tu aimerais bien qu'il y ait une solution facile et agréable à ce problème, et que tu es triste qu'il n'y en ait pas. »

Carole répond : « Ouais… Très triste. »

Sa mère reste sur le registre empathique : « Athos représente beaucoup pour toi. »

« Oui, c'est sûr. »

La mère de Carole décide d'essayer de se concentrer sur un aspect des besoins de Carole qu'elles pourraient arriver à satisfaire.

« Bon, si nous n'arrivons pas à satisfaire ton désir qu'Athos vive avec nous jusqu'à la fin de ses jours, peut-être que nous pouvons trouver quelqu'un qui l'aime et prenne soin de lui. Peux-tu me dire comment il faudrait procéder pour chercher une famille pleine d'amour pour Athos, de façon à satisfaire ton besoin de sentir qu'il est aimé et désiré ? »

Carole répond : « Je dois dire que je n'aime pas trop cette idée, mais je vois bien ce dont tu as besoin, et je ne vois pas d'autre solution. J'aimerais bien en trouver une, mais ce n'est pas le cas. En fait, j'aimerais que tu te donnes vraiment la peine de bien vérifier chez qui il habitera, et que tu fasses en sorte que je sois autorisée à lui rendre visite lorsque je serai dans la région. »

*La mère de Carole sait que la communication non-violente suggère qu'elle clarifie, **en termes spécifiques et faisables**, ce que Carole entend par « se donner vraiment la peine ». Elle émet donc une supposition.*

« Est-ce que tu veux que je visite leur maison et leur jardin, que je rencontre les enfants, que je leur demande pourquoi ils veulent un chien, qu'Athos les rencontre également, afin de voir s'il les aime et si eux l'aiment aussi, etc. ? »

«Oui, c'est exactement ce que je veux, Maman. Et je veux aussi que tu me parles d'eux et de ce que tu as appris, avant de prendre une décision. Et j'aimerais que tu leur demandes si je peux lui rendre visite quand j'en ai envie.»

Arrivé là, sa mère dirait sans doute: «D'accord, je serai ravie de le faire.»

Dans cet exemple, la mère de Carole guide la conversation dans une direction constructive et bienveillante, qui préserve la qualité de connexion entre elles; pour ce faire, elle commence par s'intéresser aux sentiments de Carole, puis à ceux de ses besoins qui sont à l'origine de ses émotions, avant de lui donner à son tour les mêmes informations sur elle-même. C'est un schéma de base en communication non-violente. Carole est en colère, mais derrière cela elle a peur, et elle est aussi triste. Elle aime beaucoup son chien et souhaite qu'il continue de vivre avec un membre de sa famille jusqu'à sa mort. Sa mère, plutôt que de juger si Carole a tort ou raison de ressentir ce qu'elle ressent et de vouloir ce qu'elle veut, s'attache à clarifier sa compréhension de ses sentiments et de ses besoins, et à lui témoigner une empathie sincère par rapport à ce qu'elle vit. La conversation qui en résulte permet à la mère et à la fille d'identifier les besoins les plus importants de *chacune*, et une fois ceux-ci clairement exprimés, de chercher de quelle façon *spécifique* ceux-ci peuvent être satisfaits. Cet exemple démontre ainsi le phénomène important dont j'ai parlé plus tôt. *Si deux personnes sont prêtes à passer suffisamment de temps à clarifier leurs besoins, si elles ne confondent pas leurs besoins et leurs demandes, et ne hâtent pas la formulation de ces demandes, alors une solution mutuellement acceptable prend naturellement forme.* Je considère que c'est là un des concepts les plus précieux que l'on puisse garder à l'esprit.

Quand ma façon de parler nuit à la communication

Parfois, ma façon de parler tend à faire prendre à la conversation une pente descendante, ce qui m'étonne et m'inquiète. Dans ces occasions, si j'arrive à être suffisamment détaché émotionnellement et objectif, j'utilise la liste de contrôle en quatre points et les trois recommandations pour déterminer pourquoi les choses vont si mal. Ces outils m'encouragent à vérifier que la conversation tourne bien autour de ces quatre point et que nous nous efforçons d'en parler selon les trois façons recommandées.

Utilisation de la liste de contrôle

Dans ma quête de solution à mon problème de communication, je commence par passer en revue la liste de contrôle et par me demander :

① Est-ce que je sais quel **événement** a servi de déclencheur à la conversation, chez l'interlocuteur auquel je m'adresse, ou en moi, si c'est moi qui l'ai démarrée ?

② Est-ce que je connais les **émotions** de l'autre personne, relatives à cet événement, et lui ai-je communiqué les miennes ?

③ Avons-nous tous deux clairement identifié ceux de nos **besoins personnels** qui sont à l'origine de nos sentiments, et faisons-nous une distinction claire entre ces besoins et nos demandes ?

④ Est-ce que nous savons **ce que chacun d'entre nous souhaite faire**, ou ce qu'il désire d'autrui, qui puisse contribuer à accroître immédiatement notre bien-être ?

Dit d'une autre façon, ce qu'il m'intéresse de savoir est ceci :

- Est-ce que je sais comment cette conversation a débuté ?
- Est-ce que nous parlons de nos sentiments et besoins ?
- Est-ce que nous confondons nos demandes et nos besoins ?
- Et savons-nous ce que l'autre souhaite faire, ou ce qu'il attend d'autrui, en cet instant précis ?

Les réponses à ces questions m'aident à déterminer si notre conflit résulte ou non de l'absence d'un élément d'information, ou de sa formulation imprécise.

Comment se servir des trois recommandations

Si les quatre éléments d'information sont présents et clairement exprimés, le processus CNV m'indique ensuite de m'intéresser à comment nous en parlons. Suivons-nous les trois recommandations ? Il est possible que nous utilisions une ou plusieurs des façons de communiquer suivantes, qui sont sources de perturbation :

① **Etiqueter et critiquer :** se dire mutuellement ce que l'on pense être juste ou faux chez l'autre et dans son comportement.

② **Faire des reproches :** s'exprimer comme si quelqu'un d'autre que nous-mêmes nous *fait* penser, nous sentir ou agir de telle ou telle façon.

③ **Donner des ordres et menacer :** dire à l'autre, d'une façon ou d'une autre, ce qu'il ou elle *doit*, ou *est censé(e)*, ou *ferait mieux* de faire ou de ne pas faire.

Ces trois manières de parler entraînent presque toujours mes conversations sur une pente descendante. L'une des façons de m'en sortir est d'aligner *ma* manière de parler sur les trois recommandations, en procédant ainsi :

① **Je décris** les événement, sentiments et besoins en jeu, plutôt d'exprimer une opinion moralisante à leur propos.

② **Je mets en lumière** la façon dont mes **besoins** provoquent mes sentiments, et j'accepte de reconnaître que j'ai *librement choisi* de faire ce que je fais.

③ **Je décris ce que je désire,** ou je *clarifie* ma compréhension de ce que l'autre veut, en **termes spécifiques et faisables.**

Exemple entre deux amoureux

L'exemple de conversation suivant montre comment la façon de parler d'un des amoureux perturbe la communication, et comment il peut se servir des outils du processus CNV pour y mettre de l'ordre :

Pierre débute la conversation avec sa petite amie en lui disant : « J'en ai assez que tu me juges. »

Etonnée et prise de court, Aline répond : « Que veux-tu dire ? »

« Je veux dire que depuis quelques temps tu me critiques beaucoup. »

D'une voix lasse, Aline réplique : « Pierre, je suis fatiguée. Lâche-moi les baskets. Je ne peux pas être tout le temps parfaite. »

Pierre sent que leur conversation entame une dégringolade familière et malsaine, aussi marque-t-il une pause. Il pense au processus de la CNV et passe en revue ce qu'il a dit, la façon dont il l'a exprimé, vérifiant s'il manque des éléments de base. Il voit tout de suite que les points importants de la liste de contrôle font défaut. Il ne lui a pas indiqué l'événement précis auquel il réagit, ni quels sont ses sentiments et les besoins non satisfaits qui les provoquent, ni ce qu'il souhaiterait qu'Aline fasse après qu'il ait parlé. Il a oublié les quatre points de la liste. Etonnant! Il se rend également compte qu'il parle de sa propre détresse en disant à Aline ce qui, selon lui, ne va pas chez elle. Voilà une façon rodée de commencer un débat douloureux et improductif. Pierre décide donc de recommencer.

« Je suis navré », dit-il, « je ne m'y suis pas pris de manière agréable. Si tu le permets, je vais recommencer. Hier soir, lorsque j'ai dit avoir passé deux heures et demie à la librairie, et que j'y avais pas trouvé ce que je cherchais, tu as répondu en disant: Oh, si tu vas dans cette librairie locale, tu n'y trouveras jamais rien. J'ai eu de la peine à ne pas entendre cela comme une critique insinuant que j'étais un idiot d'aller là-bas, et que n'importe lequel de nos proches aurait su qu'il ne fallait pas y aller. Au cours des deux derniers jours, nous avons eu plusieurs échanges comme celui-ci. J'en viens à hésiter à te dire ce que j'ai fait, de peur que tu me juges et que je ne soies pas à la hauteur. »

Pierre a maintenant communiqué son événement déclencheur, les sentiments que celui-ci a suscité en lui, ainsi que ceux de ses besoins et croyances qui ont provoqué son émotion.

Aline répond rapidement: «Je n'avais pas l'intention de te rabaisser».

«Attends», proteste Pierre. «Je ne veux pas que tu t'excuses.»

*Il se rend compte qu'il ne lui a pas dit **ce qu'il voulait** d'elle, à l'instant. Il décide donc de le faire.*

«Tout d'abord, j'aimerais que tu me dises si tu te rappelles de cette conversation d'hier soir.»

«Oui», répond Aline.

«Bon, très bien», répond Pierre. «Ce n'est qu'un exemple et je ne veux pas trop insister dessus. Je n'en parle que pour te faire savoir que depuis quelques jours je me sens désécurisé, plein de doutes et inquiet, avec pour conséquence que si je crois que quelqu'un me critique, cela me fait particulièrement mal. En ce moment, j'ai envie de partager avec toi ce que je vis, ce qui fait que je me sens désécurisé. J'ai davantage besoin de parler de cette insécurité, qui me ronge, et de sentir de l'empathie de ta part à ce propos, que de discuter de tes actes.»

Puis, il termine en exprimant une demande spécifique concernant ce qu'il souhaite immédiatement.

« J'aimerais maintenant connaître tes sentiments sur ce que tu viens de m'entendre dire. »
Aline répond : « Soulagée. Je me sens soulagée et aussi inquiète. Je ne savais pas que tu allais mal depuis peu. »

Parvenus à ce point, ils peuvent passer à l'exploration fructueuse, et libérée de tout stress, des difficultés de Pierre, puis éventuellement s'intéresser au stress et à la fatigue d'Aline.

L'utilisation des outils de la communication non-violente a aidé Pierre à déterminer ce qui, dans sa manière de s'exprimer, avait contribué à faire partir la conversation de travers, puis à modifier cela. En renonçant aux reproches et aux accusations, et en se concentrant plutôt sur la description de ses sentiments et besoins, il a permis à la conversation de prendre non seulement une toute autre tournure, mais aussi un ton entièrement différent. Initialement marquée par la peur, la colère et la honte, cette discussion devient ensuite empreinte d'attention, de bienveillance et d'un désir d'aider l'autre.

En ce qui me concerne, il me faut de la détermination, de l'énergie et assez de conscience et de détachement de mes émotions pour parvenir à utiliser les outils de la communication non-violente, afin de produire ce genre de transformation. Je continue de m'y appliquer, car je trouve cela immensément utile.

Lorsque je suis perturbé par la façon de parler d'autrui

Lorsque des personnes tentent de me communiquer leur souffrance en me disant ce qui, selon elles, ne va pas chez moi, ou qu'elle essaient de m'expliquer pourquoi elles se sentent mal en désignant quelque chose que j'ai fait, ou encore qu'elles essaient de me demander ce qu'elles veulent en me disant ce que je dois faire, j'ai souvent tendance à m'énerver. Je n'aime pas penser que je suis la cible de critiques ou de reproches, ni recevoir des ordres. Je ressens rapidement un mélange de colère, de peur et de malaise, ainsi que le désir de me défendre, d'attaquer, de fuir ou de me révolter. Lorsque je commence à me sentir comme cela, je perds rapidement ma capacité à rester à l'écoute des sentiments et besoins d'autrui, et je commence à rêver de leur faire des choses qui ne vont probablement qu'aggraver la conversation. D'ailleurs, si je ne me ressaisis pas rapidement, je peux me mettre à les traiter *de façon aussi blessante qu'eux*. L'expérience m'a appris à utiliser les outils de la communication non-violente dans ces situations pour m'aider à déterminer ce dont j'ai besoin et comment le demander.

D'habitude, je me retrouve à souhaiter que ces personnes s'expriment avec davantage de bienveillance, c'est-à-dire en accord avec les trois recommandations, et j'aimerais qu'elles me communiquent ce qui a été pour elles l'événement déclencheur, ainsi que leurs sentiments, leurs besoins et leurs demandes. Prenons donc un exemple dans lequel une personne est perturbée par la façon de parler d'une autre, et voyons ce que fait la première, intérieurement et extérieurement, pour gérer cette conversation et en changer la direction. (Cet exemple semble plus long que les autres, car je souhaite vous donner beaucoup d'informations sur ce qui se passe dans le cœur et dans la tête de celui qui s'efforce d'utiliser les outils de la communication non-violente pour gérer une conversation qui le perturbe profondément.)

Exemple en milieu d'affaires

Thierry et Philippe sont partenaires d'affaires. Avec quelques autres personnes, ils possèdent divers investissements en biens immobiliers.

Thierry commence la conversation en disant à Philippe: «Lorsque nous avons mis notre bâtiment de bureaux en vente, tu avais la responsabilité fiduciaire de négocier la commission de vente la plus faible possible pour notre groupe. En concluant un accord en vertu duquel nous avions à payer une commission de 6 %, au lieu des 5 % usuels, tu as totalement échoué dans l'accomplissement de ton devoir fiduciaire. Si tu étais contraint de renoncer à tes propres 1 % de commission, afin que nous obtenions ces 5 %, tu aurais dû le faire. La commission que tu as touchée devrait être reversée au groupe, auquel tu devrais faire confiance pour qu'il te paie équitablement le travail que tu as fait en son nom.»

Philippe est assez perturbé. Il a beaucoup de mal à ne pas croire qu'on lui dit qu'il est incompétent, qu'il manque d'intégrité, et qu'il risque de ne pas être payé pour un travail important. Animé de ces pensées, Philippe se met en colère, il est même carrément furieux, et veut sa revanche. Il perd tout intérêt pour les sentiments de Thierry, ainsi que pour ses besoins et ses demandes. Tout ce qu'il désire, c'est d'attaquer à son tour et de balancer à la figure de Thierry quelque chose du genre : « Ferme-la, espèce de crétin prétentieux. Comment oses-tu ? Tu ne sais absolument pas de quoi tu parles. Tu n'as aucune idée de la quantité de travail que j'ai investie là-dedans et de tout l'argent que j'ai pu économiser et gagner pour nos partenaires. Va te faire voir ! »

Dans le passé, Philippe a déjà agi sur la base d'impulsions de ce genre, et il se souvient de ce qui se produit d'habitude : une escalade d'accusations, d'invectives et d'étiquetages mutuels, qui se termine avec les deux interlocuteurs encore plus piteux et plus éloignés de toute résolution du conflit qu'avant. Il marque donc une pause et évalue ce qui se passe.

La première chose qu'il remarque est que lui et Thierry sont tous deux très remontés. Il sait d'expérience que lorsque chaque partie est animée de sentiments très forts, il doit faire le choix de se concentrer tout d'abord sur les sentiments et besoins de l'un ou de l'autre. Il essaie d'habitude de deviner qui est le plus mal en point, ou qui a la plus faible capacité à tolérer son propre état, afin que ce soit le premier à s'exprimer. Philippe sait que sa propre colère a surtout été déclenchée par les mots choisis par Thierry, et que celui-ci est très énervé par la situation. Il décide donc de se concentrer prioritairement sur les sentiments de Thierry, mais seulement après avoir utilisé la liste de contrôle et les recommandations de la communication non-violente pour lui faire savoir comment les mots qu'il utilise l'affectent.

Philippe dit: «Thierry, lorsque j'entends des phrases du genre «tu as failli à tes responsabilités» et «tu devrais», tout ce dont j'ai envie c'est de me disputer avec toi, parce que mon intégrité et ma liberté me sont chers, et que j'estime que les deux sont remis en question. Toutefois, je ne pense pas qu'une dispute nous conduira où nous voulons aller. Es-tu donc disposé à me dire comment tu aurais voulu que cette affaire de commission soit gérée?»

Ici, Philippe fait deux choses. Tout d'abord, il utilise la communication non-violente pour préciser à Thierry celui de ses actes auquel il réagit, comment il y réagit émotionnellement et pourquoi, ainsi que la façon dont il préférerait que Thierry s'exprime. Ensuite, en demandant à Thierry de lui dire comment il aurait souhaité que cette commission soit gérée, Philippe fait appel à la première recommandation, puisqu'il l'invite à parler d'une action qu'autrui puisse accomplir, plutôt qu'à exprimer son opinion sur la personnalité de Philippe.

Thierry répond : « Je souhaitais que tu agisses avec davantage d'intégrité fiduciaire. »

« Intégrité fiduciaire » est un concept moralisant qui peut susciter des débats ou mettre l'interlocuteur sur la défensive ; ce n'est pas une action qui puisse être accomplie. Philippe répond donc :

« D'accord, mais peux-tu me dire précisément comment j'aurais dû agir pour faire preuve de davantage d'« intégrité fiduciaire » à tes yeux ? »

« Oui », dit Thierry. « Je voulais que tu négocies plus dur, afin d'avoir ta part d'une commission totale de 5 % ; et si l'agent immobilier, que tu pensais être le meilleur vendeur pour notre groupe, n'était pas prêt à partager avec toi 1 % de ses 5 %, tu aurais alors dû bagarrer pour obtenir ce que tu pouvais. Tu n'avais pas grand chose à faire, de toute façon. Je le sais, car c'est moi qui ai représenté notre groupe au cours des précédentes ventes de propriétés. »

A part sa dernière phrase, Thierry parle maintenant essentiellement des comportements qu'il aurait aimé voir mis en œuvre, plutôt que de ses opinions, ce qui leur permet de progresser. Philippe se dit que s'il répond à la dernière phrase de Thierry, ils vont se lancer dans un nouveau débat ; mais comme il veut rester sur le problème de départ, il ignore cette phrase et essaie de faire confirmer ce qu'il pense avoir entendu.

«Tu voulais que la commission de vente payée par notre groupe soit tout d'abord fixée aussi bas que possible, et que ma compensation soit négociée seulement en second lieu ?»

«Oui», dit Thierry, «C'est exactement ce que je voulais. C'est ce qui aurait été le plus juste pour le groupe.»

L'utilisation du terme «plus juste» par Thierry est encore une incitation au débat, mais comme ce n'est pas ce dont Philippe veut discuter, il laisse cette expression passer comme une voiture lancée à toute vitesse, avec laquelle il préférerait ne pas entrer en collision.

Philippe sait par expérience que la chose d'habitude la plus désirée par les personnes peinées ou blessées, est d'entendre que quelqu'un comprend leur douleur ou leur peur.

Il dit donc : « Je sais que tu voulais que le montant total de la commission de vente soit négocié le plus bas possible, en premier lieu, avant que j'essaie d'obtenir quelque chose pour moi, mais cette méthode me pose deux problèmes. Es-tu disposé à entendre de quoi il s'agit ? »

« Oui », dit Thierry.

Philippe poursuit : « Le fait de passer du temps avec un agent immobilier à négocier la commission de vente la plus faible qu'il puisse accepter, sans que je lui dise que je vais ensuite lui demander de partager sa commission avec moi, viole mon sens de l'intégrité. Ça me donne l'impression d'essayer de le piéger, et ça ne me plaît pas. »

Thierry reprend : « Que cela te plaise ou non, c'est comme cela que l'on fait des affaires. »

Philippe répond : « Je suis d'accord que certains n'ont pas de problèmes avec cette façon de négocier, mais moi si. Ma façon de voir les choses est la suivante : pour moi, les services nécessaires à la vente de cette propriété ne comprennent pas seulement ceux de l'agent immobilier, mais aussi les miens, en tant que représentant du groupe. C'est la coutume que le vendeur paie les services liés à la vente, et je me sens mieux lorsque j'exprime ouvertement mon besoin de recevoir une compensation pour mon travail et que je négocie leur commission et ma part au même moment. Si j'avais agi de la façon dont je comprends que tu aurais voulu que cela se fasse, je me serais retrouvé tout d'abord en train de dire à l'agent immobilier qu'il devait accepter de baisser sa commission pour obtenir le contrat, puis, une fois qu'il se serait engagé, je lui aurais dit: «Non, vous devez encore renoncer à 1 % si vous voulez ce contrat. Je suis très mal à l'aise avec cela, car ça viole mon sens de l'équité.»

Philippe veut être sûr qu'il a été compris comme il le souhaite, aussi termine-t-il en exprimant une demande.

«Peux-tu me répéter dans tes propres termes le problème auquel j'ai dit me trouver confronté?»

Parvenu à ce stade, en utilisant les outils de la communication non-violente, Philippe a évité que la conversation ne tourne à un débat d'opinions et d'appréciations respectives de la situation, et en a fait une discussion sur les avantages et inconvénients des différentes manières de gérer cette négociation. Si la conversation devait se poursuivre, il continuerait sans doute à faire en sorte qu'ils discutent de *la façon dont chacun souhaite que les choses soient faites* plutôt que de *leurs opinions* concernant les comportements et valeurs de chacun. Ils pourraient discuter sans fin de leurs opinions et valeurs respectives, tandis qu'en parlant de *façon d'agir*, ils peuvent mettre au point une manière de faire qui soit mutuellement acceptable et utilisable à l'avenir.

Avantage à long terme de la pratique de la communication non-violente

J'espère que ces exemples, et ce petit livre dans son ensemble, vous ont permis d'entrevoir pourquoi j'attache tant de valeur à la communication non-violente. Toutefois, il y a un avantage de plus à cette méthode, que je souhaite vous décrire.

J'ai constaté qu'à mesure que les gens utilisent ces outils et concepts de façon régulière, une transition progressive s'opère : ils se mettent à développer des relations avec eux-mêmes et autrui à partir d'une conscience plus empreinte de bienveillance, conscience née de leur découverte réitérée que, dans tout ce que nous faisons, nous sommes tous motivés par le même besoin profond : celui de préserver ou d'améliorer la qualité et la continuité de notre existence. En réponse à cette découverte, les gens manifestent souvent moins d'enthousiasme à classifier les autres et eux-mêmes, c'est-à-dire à décider *quelles* personnes sont valables et *à quel point*, et davantage à s'exprimer à partir de leur cœur tout en s'adressant à celui d'autrui, à apprendre à connaître *comment* vont les gens, ce dont ils ont besoin, et comment le leur fournir. Au fil du temps, à cause de ce changement progressif d'attitude et de comportement, les gens commencent à **apprendre comment vivre en étant bienveillants dans le cœur, dans l'esprit et dans les actes, et comment éveiller cet état chez autrui**, un état dans lequel les incompréhensions, l'aliénation mutuelle et la violence sont beaucoup moins fréquentes. Cet état de cœur et d'esprit, empreint de bienveillance, sera peut-être le sujet d'un nouveau petit livre.

□

Conclusion

Le processus de communication non-violente de Marshall Rosenberg m'offre une perspective profondément bienveillante à partir de laquelle je puis établir des relations avec moi-même et avec autrui, et il me donne les outils de communication les meilleurs que j'aie trouvés. Ses idées et suggestions m'aident à savoir comment écouter, penser et m'exprimer de manière à non seulement accroître la compréhension et les rapports entre personnes, mais aussi le respect pour nos différences mutuelles, et la volonté de travailler ensemble pour accomplir nos objectifs individuels et collectifs.

Il m'a fallu beaucoup d'efforts, d'essais et d'erreurs, bref, de pratique, avant de devenir compétent en communication non-violente. J'ai trouvé difficile d'apprendre à écouter, à penser et à m'exprimer autrement que je ne l'avais appris dans ma culture. Je suis reconnaissant d'avoir persévéré, d'avoir accepté de prendre le risque de me trouver parfois embarrassé, d'avoir été prêt à faire du mieux que je pouvais, et aussi reconnaissant pour le soutien que j'ai reçu, à mesure que de plus en plus de mes amis et collègues se sont engagés à apprendre ces méthodes.

J'espère avoir partagé ma compréhension de la communication non-violente, et la façon dont je l'utilise, de telle sorte que vous ayez envie de commencer à en appliquer les principes dans votre vie, et suffisamment confiance pour le faire. Si vous êtes prêts à affronter toute forme d'embarras que la mise en pratique de ces méthodes peuvent susciter en vous au début, je suis sûr que vous en tirerez les mêmes forces de guérison qui vous réchaufferont le cœur et accroîtront vos liens au sein de votre communauté.

Je vous souhaite le meilleur.

☐

Mes tuyaux préférés

Lorsque quelqu'un vient d'exprimer une peine et vous n'êtes pas sûr de ce qu'il attend de vous, *ne cherchez pas* tout de suite une solution au problème. Au lieu de cela, témoignez-lui de l'empathie. Essayez de deviner ce qu'il ressent et les liens qui peuvent exister avec ses besoins, puis partagez vos suppositions avec lui. (Ne craignez pas de « mal » deviner. Le fait que vous essayiez est déjà un cadeau en soi). Lorsque vous lui aurez reformulé ses sentiments et besoins les plus importants, il va généralement se détendre un peu. Restez sur le registre de l'empathie jusqu'à ce que vous observiez cette détente, puis abordez les solutions, si vous en ressentez encore le besoin ou si vous le voulez.

Les besoins ne se réfèrent jamais à des personnes spécifiques. Les demandes, oui. Faites attention à ne pas confondre votre besoin fondamental, ou celui d'autrui, avec vos demandes concernant le *moment*, le *lieu* et la *manière* dont chacun d'entre vous souhaite que ses besoins soient satisfaits, ainsi qu'*en quelle quantité* et *par qui*.

Lorsque vous êtes confronté à de la colère, demandez-vous : « De quoi cette personne a-t-elle besoin, ou que veut-elle, qu'elle n'a pas reçu ou craint de perdre ? « Partagez vos suppositions avec votre interlocuteur.

Lorsque votre conversation commence à devenir ingérable, marquez une pause, prenez du recul, puis utilisez la liste de contrôle et les trois recommandation comme guides d'évaluation et de solutionnement, pour évaluer les changements de langage et d'approche qui pourraient vous aider. Vous pouvez vous demander : « Ai-je parlé de *mon* comportement, de *mes* sentiments et de *mes* besoins, ou est-ce que j'analysais, je critiquais, j'étiquetais et cataloguais le comportement de *l'autre*, ainsi que ses sentiments et besoins ? »

Dans le doute, offrez de l'empathie. Si votre interlocuteur cesse de parler et que vous ne savez pas ce qu'il veut de vous, le plus sûr est de simplement lui témoigner de l'empathie ; partagez avec lui votre façon de percevoir ce qu'il ressent et les besoins qui s'y rapportent.

Une demande

Si vous avez apprécié de façon particulière cette introduction, ou si vous souhaitez qu'elle soit différente, je serais heureux d'avoir de vos nouvelles. Si vous écrivez, merci d'être spécifique concernant ce que vous appréciez, ou ce que vous voudriez voir changer.

Mr Wayland Myers
c/o Editions Jouvence
BP 7, F-74161 Saint-Julien-en-Genevois
E-mail: jouvence@mail.dotcom.fr

Site web du Centre de communication non-violente: http://cnvc.org

● Se libérer des systèmes de croyances
Michael Misita
Vers la plénitude de l'être

Ce livre montre comment aller au-delà des croyances, toujours limitées, plutôt que de remplacer les négatives par des positives ou un paradigme par un autre. Transcender la croyance pour accéder à la plénitude de l'être, vivre sans idées préconçues, en étant ouvert, disponible, présent dans l'instant.

160 pages • 14,94 € / 28 FS

● Aucune rencontre n'arrive par hasard
Kay Pollak
Se découvrir à travers les autres

Chaque rencontre est l'occasion de mieux connaître soi-même et les autres, et de dépasser la colère, la peur, la gêne ou la frustration que génèrent certaines relations. Des moyens très simples pour percevoir et interpréter différemment nos interactions avec autrui, pour que chaque rencontre enrichisse notre vie.

96 pages • 11,43 € / 21 FS

Collection «pratiques»

Des questions claires, des réponses précises, des auteurs qualifiés... et un prix imbattable !

Une quarantaine de titres disponibles... et de nombreux autres en préparation !

■ **Vivre au positif**
Marie-France Muller

■ **Lâcher prise**
Rosette Poletti & Barbara Dobbs

■ **Satisfaire son besoin de reconnaissance**
Olivier Nunge & Simonne Mortera

Chaque volume, 96 pages, 4,90 € / 9 FS

Dumas-Titoulet Imprimeurs
42004 Saint-Étienne
dépôt légal : mars 2002
N° d'imprimeur : 37019D

Imprimé en France